LOGIKA
NEW YORK 1920

Annekatrin Baumann
Christiane Behnke

LOGIKA

NEW YORK 1920

Über 50 **ESCAPE ROOM** Rätsel
aus der zwielichtigen Zeit von Mafiabossen,
Flüsterkneipen und Schmuggelware

DANKSAGUNG

Danke an alle, die es ermöglicht haben, dass ich während einer globalen Pandemie gut versorgt und gesund zuhause bleiben und dieses Rätselbuch schreiben konnte.

Für Ingride – Tante im Herzen und Freundin der ersten Stunde. Danke für jeden gemeinsamen Moment. „She will this so!"

Danke, Motte, für die Unterstützung auf der Zielgeraden.

INHALT

Schwere Rätsel

WELCOME TO THE FAMILY!

Willkommen im New York der Zwanziger: Alkohol wird durch die Prohibition zu einem illegalen Handelsgut erklärt. Die Schmuggeltätigkeiten vieler Mafiafamilien bestimmen den Alltag. Mit dem jungen Mafiosi Tommy begibst du dich in die Welt der Schmuggelwaren und Betrügereien und erlebst eine abenteuerliche Reise durch die goldenen 20er Jahre.

Auf jeder Doppelseite wartet ein eigenständiges Rätsel auf dich. Jedes Rätsel ist mit ein wenig Logik und um die Ecke denken zu lösen. Dabei solltest du sowohl den Text als auch die Illustrationen unter die Lupe nehmen – eben wie in einem richtigen Escape Room. **Die Stadtkarten** vorne und hinten in den Buchklappen sowie andere Inhalte können sich hier und dort ebenfalls als nützlich erweisen. Du kannst überall in das Buch schreiben und findest ab Seite 132 noch mehr Platz für Notizen.

KLEINE TIPPS

Wenn du nicht weiterkommst oder keine Idee hast, wonach du suchen sollst, kannst du einfach eine Seite weiterblättern. Auf der folgenden Doppelseite findest du links oben in der Mitte einen ersten kleinen Tipp darauf, wie die Lösung für das vorherige Rätsel lautet.

Diese kleinen Tipps sehen so aus:

6B

Die Abkürzungen stehen für:

B – Buchstaben
Z – Ziffern
S – Symbol

In diesem Beispiel besteht die Lösung also aus sechs Buchstaben.

HINWEISE UND LÖSUNGEN

Zu jedem Rätsel gibt es zwei weitere konkretere Hinweise sowie die Lösung weiter hinten im Buch.

Die Tabelle auf Seite 124 verrät dir die dreistelligen Hinweisnummern zu den einzelnen Rätseln. Die Hinweise und Lösungen entsprechend der dreistelligen Nummern findest du dann ab Seite 126.

HINWEIS- UND LÖSUNGSNUMMERN FÜR JEDES RÄTSEL AB SEITE 124:

Rätselnummer	1. Hinweis	2. Hinweis	Lösung
1	020	081	121
2	038	054	130
3	025	060	133
4	017	074	145
5	003	086	144
6	030	079	125
7	039	057	135
8	024	085	127
9	045	094	123

Beispielsweise ist für das Rätsel Nr. 5 der erste Hinweis unter *003*, der zweite Hinweis bei *086* und die Lösung unter *144* zu finden.

Und jetzt viel Spaß beim Rätseln und Knobeln im New York von 1920!

TOMMY

Einfache Rätsel

Ungeduldig überwacht Tommy die Entladung einer Stangeneis-Lieferung. Wenn die Männer noch langsamer arbeiten, schmilzt das Eis noch im Lieferwagen weg, anstatt in der Bar die Getränke zu kühlen.

Es stört ihn, dass er heute eine so niedere Aufgabe wie die Überwachung einer Entladung übernehmen muss. Als der jüngste Sohn einer der wahren Mafiafamilien aus Sizilien ist er von der Bronx aus für die Kontrolle des Handels und des Verkaufs von Stangeneis in fast ganz New York verantwortlich. Seine beiden älteren Brüder haben den Alkoholschmuggel der Familie übernommen und können ihn und sein Stangeneis-Business nur belächeln.

Genervt zieht Tommy an seiner selbstgedrehten Zigarette. Wo ist Oliviero denn heute nur? Als seine rechte Hand ist er dafür verantwortlich, den Helfern Beine zu machen. Notfalls unterstreicht Oliviero die Arbeitsanweisungen von Tommy auch mal mit handfesten Argumenten.

1

DIE FEHLENDEN AUSLIEFERUNGEN

Tommy fragt einen der Helfer, wie viele Stangen Eis sie heute noch ausliefern müssen. Statt einer Antwort kritzelt dieser drei Symbole auf Tommys Zigarettenpapierpackung und kümmert sich beeindruckend langsam um die nächste Kiste.

Ein solches Verhalten ist ja wirklich eine riesige Unverschämtheit! Dass man die Arbeiter immer wieder neu „motivieren“ muss, ist wirklich einer der weniger schönen Aspekte des Mafialebens. Normalerweise verschwindet Oliviero aber auch nicht einfach so.

Während Tommy sich fragt, wo Oliviero wohl sein könnte, schaut er nochmal auf die hingekritzelten Symbole und überlegt, ob man daraus vielleicht doch ablesen kann, wie viele Stangen Eis heute noch ausgeliefert werden müssen.

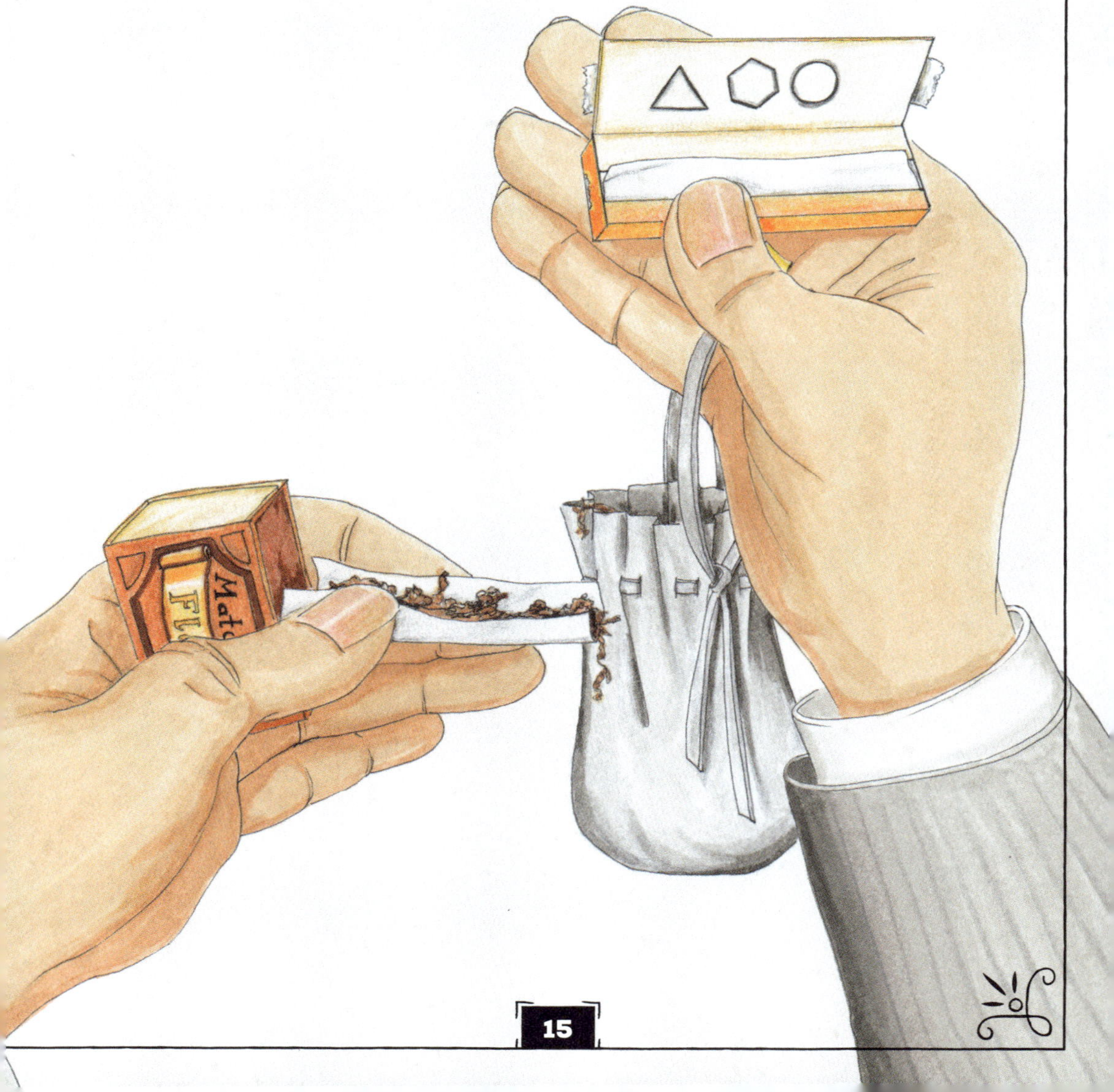

2

HOCHGESTAPELT

Während Tommy überlegt, ob der Helfer ihn auf seine Ecken und Kanten aufmerksam machen wollte, kommt auch die Lieferung für Tommys Brüder an, die als Familienbetrieb eine Flüsterkneipe betreiben. Seit der Konsum von Alkohol in den USA verboten ist, sind die illegalen Flüsterkneipen wie Pilze aus dem Boden geschossen. Um nicht erwischt zu werden, sind die Gäste dazu angehalten, möglichst leise zu sein. Daher der Name Flüsterkneipen.

Schnell sind die Arbeiter von Tommys Brüdern da und laden alle Kisten in Rekordzeit ab. Wie sehr sich Tommy doch wünscht, seine Helfer würden ähnlichen Enthusiasmus an den Tag legen. Die Kisten scheinen sogar besonders systematisch gestapelt zu sein. Wie müsste die oberste Kiste aussehen?

3

TÜRKONTROLLE

Es baut eben alles aufeinander auf, denkt sich Tommy und seufzt. Ermüdet beschließt er, sich einen morgendlichen Drink zu gönnen.

Er klopft an die Tür der Flüsterkneipe, woraufhin sofort eine Klappe geöffnet wird und ihn die pflichtbewussten Augen des Türstehers mustern.

Tommy muss in sich hineinlächeln. Der Türsteher hat ihn mit Sicherheit erkannt. Trotzdem wartet er auf die Losung, bevor er ihn einlässt. Der Text neben der Türe dient den Freunden des Hauses als kleine Erinnerungsstütze. Auch heute hat Tommy die Zahlen des Türcodes vergessen und muss daher das kleine Gedicht zu Hilfe nehmen.

RUNDREISE

EINST STAND ICH ACHTSAM UND ZWEIFELND VOR DER TÜRE.

4

DIE FLÜSTERKNEIPE

Die vierstellige Losung ist richtig, die Tür schwingt zur Seite. Tommy betritt den Familienbetrieb und erblickt direkt seine beiden älteren Brüder. Giuseppe, der größte und älteste von ihnen, lehnt entspannt am Tresen und gibt wie gewohnt lautstark Anweisungen, während der eher in die breite gewachsene Giovanni sich mit der Anbringung eines neuen Bildes abmüht.

Tommy bemerkt, dass sowohl auf dem neuen Bild als auch dem Spiegel hinter dem Tresen merkwürdige Linien aufgemalt sind. Er vermutet, dass es sich um eine von Giovannis Ideen von versteckter Werbung handelt. Der Spiegel und das Bild hängen sich jetzt direkt gegenüber. Für welches Produkt wird im Spiegel geworben?

5B

5

EINE BOTSCHAFT VON HERZEN

Es passt gut zu Giovanni, dass er versucht, seine Leibspeise bei den Gästen anzupreisen.

Tommy setzt sich mit seinem Bruder Giuseppe an einen der Tische. Er ist noch immer darüber verärgert, dass Oliviero die Männer nicht im Griff hat und es anscheinend auch nicht für nötig befindet, heute aufzutauchen. Giuseppe wirkt schon gut angetrunken und ist – im Gegensatz zu Tommy – bester Laune. Er hat einige Karten vor sich ausgebreitet und grinst Tommy an. „Weißt du, was ich dir und deinem Stangeneis-Handel schon lange Mal sagen wollte, Bruderherz?"

58

6

VIELSAGENDE WÜRFEL

Tommy entschlüsselt die ironische Botschaft. Süffisant grinsend erklärt Giuseppe: „Wenn du und dein Stangeneis nicht so besonders lächerlich und unerfolgreich wären, würden Giovanni und ich mit unserem Alkoholschmuggel nur halb so gut dastehen. Und wenn du schon kein Lob von unserem Padre bekommst, möchte zumindest ich mich bei dir bedanken."

Missmutig starrt Tommy auf den Tisch. Einen Streit mit Giuseppe kann er heute nicht gebrauchen, also schluckt er die Provokation wortlos herunter.

Plötzlich ordnet Giuseppe auf dem Tisch einige Würfel an und sagt: „Vielleicht musst du im Leben auch mal Dinge drehen, um nichts zu verpassen."

Was er mit den Würfeln wohl darstellen möchte?

75

7

DIE VERSCHLÜS-SELTE BOTSCHAFT

Als Tommy erkennt, was ihm sein zu Späßen aufgelegter Bruder sagen will, dreht er sich genervt um und sieht, dass am Tresen einer seiner Botenjungen wartet.

Tommy geht zu ihm und fragt, ob es Neuigkeiten gibt, woraufhin der Bote ihm nur schüchtern einen Zettel entgegenstreckt und dann schnell verschwindet. Das kann eigentlich nur bedeuten, dass es schlechte Neuigkeiten sind. Bei guten Nachrichten bleiben die Boten gerne länger und lassen sich auf einen Drink einladen.

Unheil ahnend macht Tommy sich mit der Decoder-Tabelle, die auf einem Bierdeckel immer bereit liegt, daran, die Botschaft zu entschlüsseln.

N A J K P
W G B O Q
L U X/Y H Z
D T E S M
I V C F R
8=

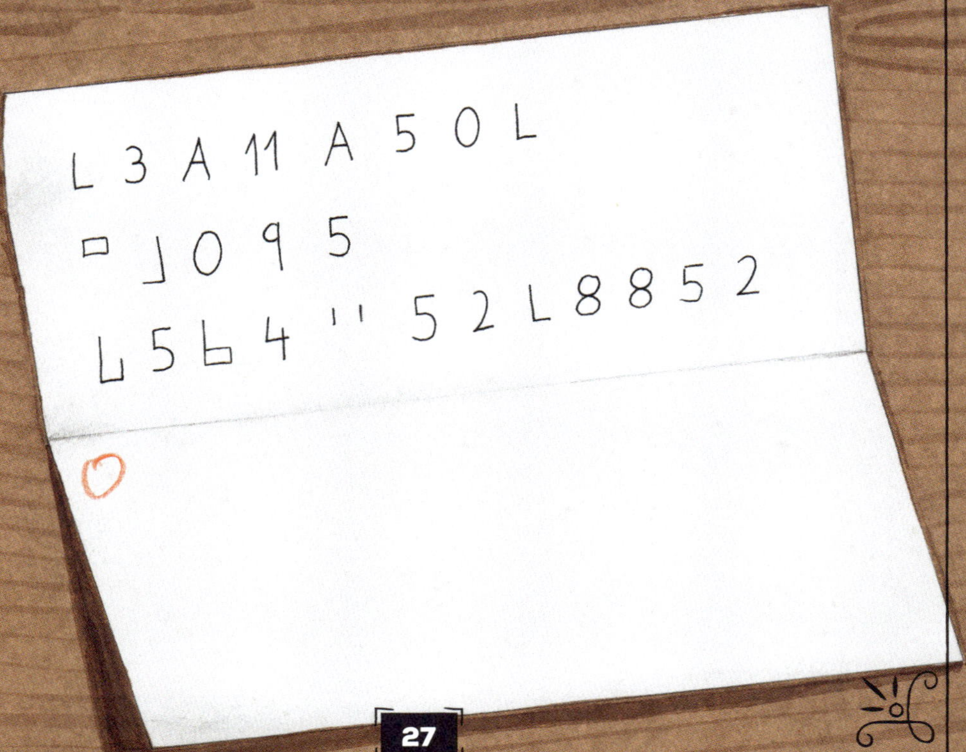
L 3 A 11 A 5 0 L
J 0 9 5
5 2 L 8 8 5 2

258

8

UMSTEIGEN BITTE!

Er hatte es befürchtet! Die Polizei hat sich Oliviero geschnappt. Nun ist es mal wieder an Tommy, seine rechte Hand rauszuhauen. Er entscheidet sich dazu, mit der Straßenbahn zur City Hall zu fahren. Am Kiosk kauft er sich ein Ticket und fragt, an welchen Stationen er umsteigen muss. Der Ticketverkäufer erklärt es ihm ganz genau und Tommy notiert sich die Stationen. In die Straßenbahn eingestiegen, sucht er sich einen Platz und schaut noch einmal auf seine Notizen: „Da habe ich wohl zu schnell und ungeduldig geschrieben. Ich kann ja gar nichts erkennen.“ Ratlos schaut er auf den Buchstabensalat und fragt sich, wo er wohl umsteigen muss.

LINE
1920
City Hall
A.M.
5 6 7 8 9 10 11 12
1. ETRACLN KRAP
2. DANGR ALTRNEC ERTIMNAL
3. NIUNO QUARSE

9

AN DER BAHN-SCHRANKE

Dank der Karte des Straßenbahnnetzes weiß Tommy schließlich doch, wo er umsteigen muss. Bis zum Central Park ist es eine lange Fahrt. Er nutzt die Zeit und kann sich endlich mal entspannt zurücklehnen, um aus dem Fenster zu schauen. Tommy ist immer wieder überrascht, wie schnell sich die Stadt verändert. Dann aber wandern seine Gedanken doch zu Oliviero. Was es ihn wohl dieses Mal kosten wird, den Rabauken freizubekommen?

Am Central Park umgestiegen, geht es weiter nach Downtown. Doch plötzlich hält die Straßenbahn abrupt an. Tommy schaut, was den unerwarteten Halt verursacht und sieht den Schaffner rätselnd vor einer der neuen Bahnschranken stehen. Solche Schranken sollen den Verkehr in der großen Stadt sicherer machen und die Zahl der Unfälle reduzieren. Doch scheint es, als seien noch nicht alle Bahnmitarbeiter mit dieser technischen Neuheit vertraut. In welche Richtung muss der Schaffner kurbeln?

10

WO IST OLIVIERO?

An der finalen Station angekommen, steigt Tommy aus der Straßenbahn aus. Schnell findet er den Eingang und betritt die City Hall.

Die Architektur des Rathauses wirkt selbst auf Tommy beeindruckend. Nach kurzem Anstehen trifft er am Informationstresen auf eine gelangweilte Empfangsdame. „Guten Tag! Ich suche Oliviero Barseki, er soll hier in der City Hall sein." Die Dame antwortet sichtlich genervt: „Er ist im ersten Stock." Tommy kann mit dieser Information recht wenig anfangen und fragt weiter: „Wo genau im ersten Stock?" Die Dame nimmt einen Plan des ersten Stocks und breitet ihn auf dem Tresen aus.

„Das Zimmer, in dem Herr Barseki verhört wird, liegt auf der Rückseite des Treppenaufgangs. Es hat ein Fenster und ist nur durch ein anderes Zimmer zu erreichen, aber nicht durch zwei. Daneben ist ein Zimmer mit zwei Fenstern. Im Zimmer steht ein Tisch." Tommy schaut auf den Plan und überlegt, wo sie Oliviero verhören.

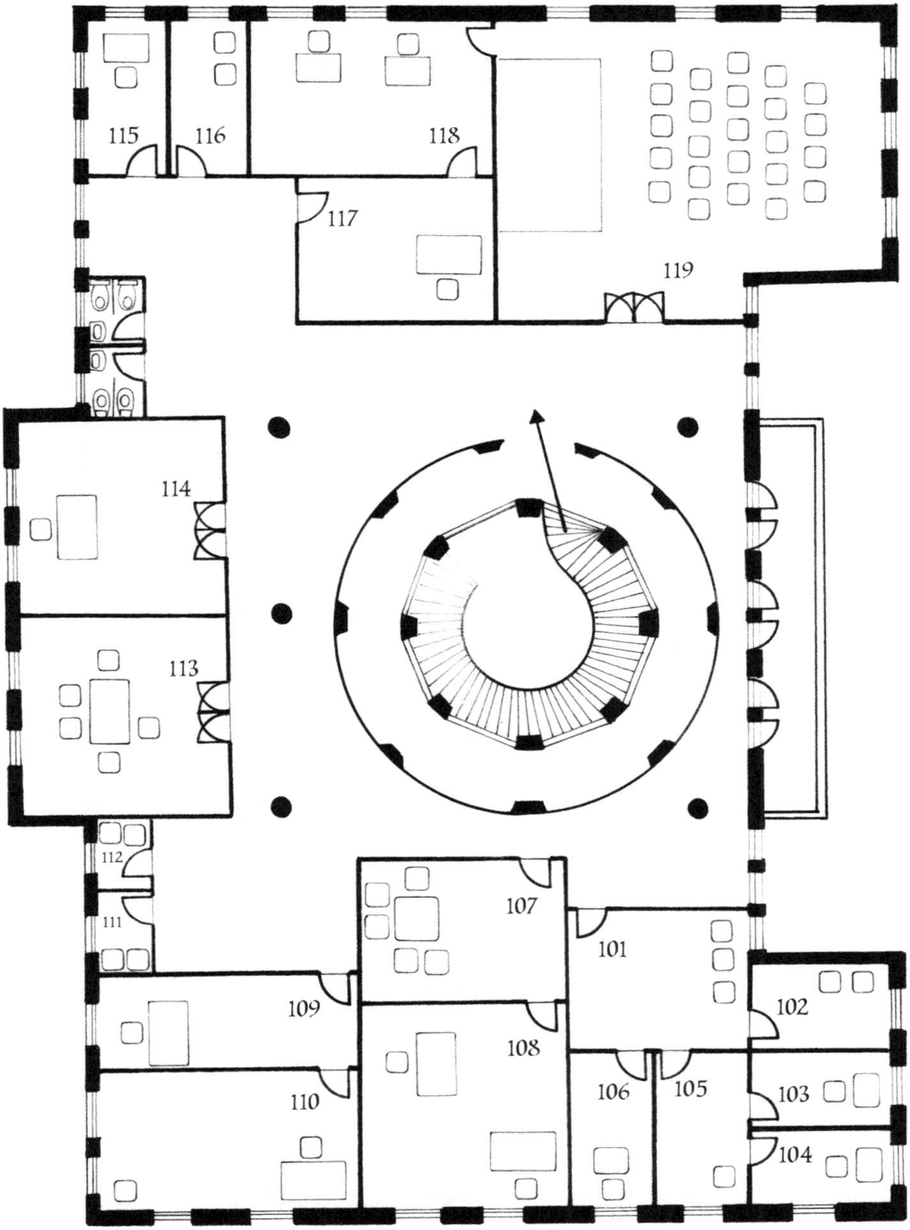
115
116
118
117
119
114
113
112
111
107
101
102
109
108
106
105
103
110
104

11

DIE BESTECHUNG

Nachdem Tommy klar geworden ist, wo sich Oliviero befindet, rennt er los. Als er an die angelehnte Zimmertür klopft, erschallt sofort ein lautes „Herein!“ einer tiefen Männerstimme aus dem Zimmer.

Tommy tritt ein und sieht einen Beamten am Schreibtisch sitzen. Neben ihm steht Oliviero – in Handschellen. Tommy spricht direkt seine Forderung aus: „Einen schönen guten Tag die Herren. Ich weiß ja nicht, was Sie bisher besprochen haben, aber eines steht fest: Ich nehme Herrn Barseki nun mit.“

Der Beamte schaut ihn grimmig an: „Nein, das geht dieses Mal nicht so einfach.“ Gleichzeitig schreibt der Beamte etwas auf einen Zettel. Verschwörerisch blickt er Tommy in die Augen und schiebt ihm den Zettel zu.

Tommy wirft einen kurzen Blick darauf und versteht sofort, worum es dem Polizisten geht. Bleibt nur noch die Frage, welche Summe der Beamte als Bestechung für angemessen hält.

P. Woodrow Wilson
2 4 6 12 14 28 ?

12

DER STRASSEN-MUSIKER

Nach kurzem Rechnen muss Tommy ganz schön schlucken. Zähneknirschend bezahlt er und verlässt schließlich mit einem sehr kleinlauten Oliviero die City Hall. „Du fährst jetzt sofort zurück in die Bronx und sorgst gefälligst dafür, dass sich das viele Schmiergeld für dich gelohnt hat! Mach den Männern mal klar, dass ich ganz schön ungehalten werde, wenn nicht alle Schutzgeldzahler ihr Stangeneis pünktlich bekommen."

Tommy entschließt sich dazu, noch in Downtown zu bleiben. Jetzt, da seine rechte Hand wieder auf freiem Fuß ist, kann er sich einen freien Nachmittag gönnen. Er genießt die Musik der Großstadt: Stimmengewirr hier, ein lautes Hupen da. Taubengurren und Baustellenlärm schallen durch die Luft. Leise klingt eine Melodie durch den Lärm. Ein Stück entfernt entdeckt er einen Straßenmusiker. Tommy bleibt stehen und hört ihm zu.

Er wird das Gefühl nicht los, dass hinter der außergewöhnlichen Melodie eine Botschaft steckt.

34B

13

DER VERRÄTERISCHE SCHUHABDRUCK

Tommy ist ganz versunken in die fröhliche Jazz-Musik. Ein Aufschrei und lautes, wütendes Schimpfen schrecken ihn jäh aus seinen Gedanken. Er sucht nach der Quelle des Geschreis und sieht auf der anderen Straßenseite einen wütenden Malerjungen.

Der Junge war gerade dabei, eine Plakatwand weiß zu streichen, als jemand seinen Farbeimer umgestoßen hat. Der Übeltäter ist wohl schon über alle Berge. In dieser Stadt ist sich wirklich jeder selbst der Nächste.

Aber vielleicht kann man ja den Täter an seinen Schuhen identifizieren?

A
D
B
E
C
F
CARS

14

AUF DER BAUSTELLE

Tommy gibt dem Malerjungen einen Hinweis, nach welchem Schuhmodell er Ausschau halten sollte und streift dann weiter gedankenverloren durch die Straßen von Downtown.

Er lässt sich ziellos durch das Gewusel der Stadt treiben. Bei einer großen Baustelle bleibt er schließlich stehen und beobachtet die Bauarbeiter. „Inzwischen ist New York eine einzige große Baustelle“, denkt sich Tommy. Er schaut den Arbeitern zu, wie sie Fenster einsetzen, Mauern hochziehen und Stück für Stück einen neuen Wolkenkratzer entstehen lassen.

Während er seinen Blick über die Baustelle schweifen lässt, entdeckt er einen rätselhaften Zettel auf dem Boden. Vielleicht ein Hinweis darauf, was durch die vielen Baustellen entstehen wird?

73

15

DIE PLAKAT-WERBUNG

Während Tommy noch immer die Baustelle beobachtet und sich überlegt, wie New York in 100 Jahren wohl aussehen wird, kommt ein Bauarbeiter vorbei und drückt ihm eine Flasche Limonade in die Hand. „Hier, für dich, da du ja anscheinend unsere Arbeit wohlwollend bewunderst." Überrascht bedankt sich Tommy. Wie angenehm kühl das Getränk doch ist, das er gerade bekommen hat. Eigentlich hat er einen guten Überblick über die Stangeneis-Handelsgebiete in New York. Als er schnell bei den Bauarbeitern nachfragt, wo sie ihre Getränke kühlen und woher sie ihr Stangeneis bekommen, schütteln diese nur den Kopf und zeigen auf ein Plakat.

Verwirrt schaut sich Tommy das Werbeplakat an und versucht zu erkennen, für welches Produkt geworben wird.

KÜHLE GETRÄNKE?
VERSUCHEN SIE JETZT UNSEREN NEUEN
FUNKTIONIERT OHNE STANGENEIS!

16

DER PROPHET

Es gibt Maschinen, die kühlen können?!? Tommy steht unter Schock. Er hat natürlich den Vormarsch von elektrischen Geräten mitverfolgt, aber nicht im Traum daran gedacht, dass sein Stangeneis-Business davon betroffen sein könnte.

In seinem verwirrten Zustand wird er von einem seltsamen Mann angesprochen, der vom Ende der bekannten Welt redet und ihm ein Flugblatt in die Hand drückt. Tatsächlich glaubt Tommy in diesem Moment, dass der Mann sogar recht haben könnte.

Aber das Flugblatt ist sehr kryptisch und genauso seltsam, wie der Straßenprophet selbst. Was soll es bloß verkünden?

Das Ende ist nah!

9826 Wenn der erst ab ist, sind weder dein Auto noch du schön anzusehen.

153896 Auch wenn dir dieser im Nacken sitzt, irgedwann hast du nichts mehr zu lachen.

6409 Wenn du diese deutsche Großstadt holen gehst, überlebst du es vermutlich nicht.

7049 Für die vorherige und viele andere Tötungsarten kann ein solches sinnvoll sein.

Was wird dein 123456789 sein?

93

17

DAS FLUGBLATT

Der Prophet erkennt, dass Tommy betrübt ist und sich tatsächlich fragt, was die Zukunft für ihn bereithalten könnte. Deswegen drückt er ihm zum Abschied noch ein weiteres Flugblatt in die Hand. Er zwinkert ihm zu und sagt: „Keine Sorge. Es gibt auch gute Nachrichten."

Ohne Hoffnung, dass dieser Zettel ihm an diesem bereits so verkorksten Tag gute Nachrichten verkünden wird, versucht Tommy die zweite Botschaft des Möchtegern-Propheten zu lesen.

HUAVITS
ARLERET
LCKRDWE
TH!OBNIH
EDHOIGE
TAOTCBN!
DSLWHE

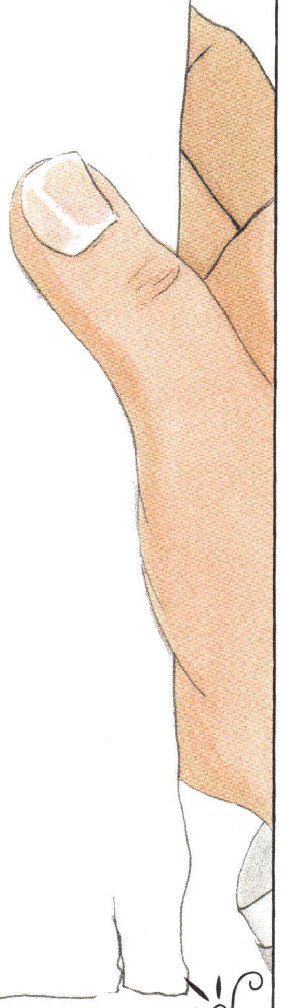

BLICK IN DIE FREIHEIT

Mittlere Rätsel

Sorgenvoll schaut Tommy auf die Freiheitsstatue am Horizont. Mit großen Plänen ist seine Familie nach Amerika gekommen. Sie wollten die Armut und Bedeutungslosigkeit hinter sich lassen und ein neues Leben im Land der unbegrenzten Möglichkeiten anfangen. In nur wenigen Jahren konnten sie sich hier in New York einen Ruf machen.

Man kennt seine Brüder und ihn. Aber was soll aus dem Familiengeschäft werden, wenn Alkohol wieder legal verkauft werden kann? Und noch dringlicher: Wie wird er vor seinen Brüdern dastehen, wenn durch elektrische Kühlschränke niemand mehr auf sein Stangeneis angewiesen ist?

Tommy beschließt die Dinge selbst in die Hand zu nehmen. Es muss doch noch andere Möglichkeiten der Betrügerei in dieser Stadt geben. Und er wird sie finden!

18

AN DER WALLSTREET

Wenn er an die größten Gauner der Stadt denkt, fallen Tommy als erstes die vielen Händler der Wall Street mit ihren abstrusen Geschäften ein. Vom Liberty Park ist es nur ein kurzer Spaziergang zu der Wallstreet mit ihren imposanten Gebäuden.

Als er sich nach jemandem umschaut, der ihm die geheimen Tricks der Börse verraten könnte, wird er auch schon angesprochen. Ein vor Freude von einem zum anderen Ohr strahlender Börsenmakler steht vor ihm und wedelt aufgeregt mit einem Papier vor Tommys Gesicht.

„Na, wollen Sie wissen, wie viel ich heute gewonnen habe?“ Da Tommy tatsächlich daran interessiert ist, wie lukrativ dieser Geschäftszweig sein könnte, schaut er sich den Zettel ganz genau an. Der Betrag muss mehrere Stellen haben, wenn man den Inhalt versteht. Wie hoch ist der Tagesgewinn des Börsenmaklers?

SAFE DEPOSIT VAULTS
BANK
OPEN
TAGESGEWINN
Z H E T
6 2 5 0

19

DIE AKTIENPAKETE

„Scheint so, als wären Sie zum richtigen Zeitpunkt an der richtigen Stelle!“, sagt der Börsenhändler und zwinkert Tommy zu.

„Dann will ich heute mal großzügig sein und Ihnen meine beliebtesten Aktienpakete verraten. Wollen Sie nicht auch an der Börse mit einsteigen? Meine Aktienpakete verraten Ihnen auf jeden Fall auch, um was es hier eigentlich geht.“

Ungläubig nimmt Tommy den Zettel mit den notierten Aktienpaketen entgegen. Er ist sich nicht sicher, ob die Börse etwas für ihn ist. Da sind ihm die ehrlichen Gaunereien vielleicht doch lieber.

Aber worum geht es denn nun an der Börse?

	10	20	30	45	50	80
Coma Cola						
Colombo Pictures						
International Pepper						
Inchange Buffet						
Kortis Publishing						

Meine Aktienpakete:

1 CP20, KP20, KP30, CC20, CC50, IP20, IB20, KP45, KP50, CC30, CC45

2 CC10, CP10, CP45, IP20, IP30, IB45, KP45, IP10, IP45, IB10, KP10, CC30, CC20, CC45

3 CP30, IP30, IB80, KP30, KP80, CC80, CC50, IP45, IP50, KP45, IP80, KP50, CC30, CC45

4 CP20, CP50, IP20, IP50, KP50, KP20, CC20, IB50, IP30, CC50, IB20, IP45

20

DER TRICKSER

Dass Geld die Welt regiert, wusste Tommy auch schon vorher. Er verabschiedet sich und macht sich auf den Weg zu einer anderen Institution, bei der auch nicht immer alles mit rechten Dingen zugeht.

An der Trinity Church angekommen, wird er von einem Straßentrickser angesprochen. „Treten Sie näher! Wenn Sie die umgedrehte Karte erraten können, verrate ich Ihnen den Weg zum Glück! Natürlich liegen die Karten in einer besonders logischen Reihenfolge."

So ein Straßentrickser kennt sich bestimmt auch allgemein mit Betrügereien aus. Tommy lässt sich auf das Spiel ein – vielleicht bekommt er dadurch ja einige Tricks verraten?

21

DIE FALSCHE RÜCKSEITE

Nachdem Tommy die sehr männliche Lösung genannt hat, baut der Trickser blitzschnell eine weitere Herausforderung auf. Diesmal sind es jedoch keine Karten, sondern Würfel.

Eine kleine Würfelpyramide steht erhöht auf einer Zigarrenkiste. „Du willst also wissen, wie auch du die Leute hinters Licht führen kannst. Das könnte ich dir natürlich verraten. Aber sag mir doch erst einmal, welche der anderen Würfelpyramiden die korrekte Rückseite der erhöhten Pyramide zeigt?“

20 $
since 1900 Cigares
C
A
B

22

EIN RAD ZUM GLÜCK

Nicht nur nennt Tommy die richtige Lösung, sondern entlarvt auch noch einen gezinkten Würfel. Beeindruckt willigt der Trickser ein, Tommy einen Rat zu geben, wie er weiterhin im Wohlstand leben kann.

„Für solche Momente habe ich etwas ganz Besonderes vorbereitet. Ich präsentiere: mein Rad der drei Ratschläge für Reichtum! Eine Geschäftsidee, die eines oder besser noch alle drei Dinge, die auf dem Rad stehen, beinhaltet, führt unweigerlich zum finanziellen Erfolg!“

Neugierig versucht Tommy die drei Ratschläge zu entziffern.

START
L V M
O E U
R X R
U L D
A O S
N A G
R E S
C N T
H I H
K E L
A I E
G L T
WHEEL OF FORTUNE

36B

23

IN CHINATOWN

Mit diesen drei Grundelementen hat Tommy auf jeden Fall schon mal eine grobe Idee in welche Richtung seine Geschäfte in Zukunft gehen könnten. Es wird tendenziell mit Sicherheit teurer für seine Kundschaft, denkt er sich und muss unwillkürlich grinsen.

Auf der Suche nach weiteren Gaunerei-Inspirationen macht er sich auf den Weg nach Chinatown. Hier wimmelt es noch immer von männlichen Bauarbeitern. Viele durften von China nach Amerika siedeln, um beim Ausbau der Eisenbahnschienen und der Straßen zu helfen. Jedoch wurde ihnen verboten, ihre Frauen mitzubringen. Der Männerüberschuss und die schlechte Bezahlung führen momentan zu viel krimineller Energie in Chinatown.

Tommy ist beeindruckt von dieser anderen Welt inmitten Manhattans. Kaum einen Fuß in Chinatown gesetzt, kann er nicht mal mehr die Schilder lesen. Wobei ihm die Zeichen auf diesem Schild doch sehr seltsam vorkommen. Vielleicht fällt ihm aber doch eine Regelmäßigkeit auf, um wenigstens zu sagen, wie das fehlende Symbol beschaffen ist?

24

DRACHEN IM ANGEBOT

Kurz die Spalten und Zeilen des Schildes betrachtet, hat Tommy auch eine Vorstellung, wie das letzte Symbol grob aussehen müsste. Er möchte mit dem Ladenbesitzer des cleveren Schildes sprechen und tritt in das Geschäft ein. Der Besitzer ist intensiv mit der Erfassung seiner Warenbestände beschäftigt. Tommy will dem Ladenbesitzer kurz bei der Inventur helfen, in der Hoffnung, dass dieser ihm dann die neusten Gaunertricks aus dem Einzelhandel verrät.

„Wenn du mir wirklich helfen willst, kannst du die kleinen Souvenirdrachen da drüben im Regal zählen." Aber eine Kiste ist noch zu. Die seltsamen Schilder geben bestimmt Auskunft über den Inhalt: Wie viele Drachen verbergen sich in der noch verschlossenen Kiste?

ICE
TEA
TEA

25

SELTSAME PREISE

Während Tommy den Inhalt der Kiste ausgerechnet hat, ist ein Mann in Bauarbeiterkleidung in den Gemischtwarenladen getreten. Tommy erkennt ihn als einen der Bauarbeiter wieder, die er vorhin passiert hat. Wenn er sich richtig erinnert, hatten diese gerade das Gerüst um ein Haus abgebaut.

In Konzentration versunken, konnte Tommy nicht hören, nach welchem Produkt sich der Bauarbeiter erkundigt hat. Dafür bekommt er nun die Unterhaltung über den Preis des Produktes mit.

„Wie viel kostet denn Eins?“ Der chinesische Ladenbesitzer lächelt und antwortet freundlich: „10 Cent.“

„Aha, und wie viel Zwölf?“ Irritiert schaut der Ladenbesitzer den Kunden an und sagt: „Naja, natürlich 20 Cent.“

Der Bauarbeiter nickt und fragt: „Und wenn ich Zweihundert nehme?“ Jetzt ist der Besitzer wirklich genervt. Er antwortet jedoch trotzdem pflichtgemäß: „Das kostet dann 30 Cent.“

Tommy ist über diese Preisgestaltung sehr verwundert und überlegt, auf welches Produkt solche Preise zutreffen können?

17B

26

DIE UNFREUNDLICHEN DICHTER

In diesem Gemischtwarenladen scheint doch alles sehr korrekt abzulaufen. Tommy glaubt nicht, dass er hier Inspiration für neue illegale Geschäfte finden kann. Er schlendert weiter durch New York. Schließlich landet er in einem Viertel, das von allen nur „Ghetto" genannt wird. Dort wird er zugleich von zwei Männern angesprochen.

Diese sprechen in einer reimähnlichen Form zu ihm. Er ist fasziniert von ihrem Rhythmus – fragt sich aber auch, was ihre eigentliche Botschaft ist. Sie schauen nämlich nicht gerade freundlich.

„Erst 1 dann 2 dann 3 dann 4 geht's an den Kragen,
willst du wissen, was wir dir zu sagen haben:
Für dich ist hier Game OVER.
Jetzt bist du besser ziemlich RASCH.
Hier stiehlst du niemandem die SHOW.
Das hier ist unsere GEMEINDE."

Tommy erinnert sich, dass die meisten Mafiamitglieder die Bewohner des Ghettos abschätzend und schlecht behandeln. Vermutlich sind sie ihm gegenüber deswegen so feindselig eingestellt. Er versucht, ihre Botschaft schnell zu entschlüsseln.

27

EIN BUNTES HAUS

Tommy hat es nun doch eilig, das Viertel wieder zu verlassen.

Nur einen Block weiter wird er erneut angesprochen. Dieses Mal von einer Frau, die auffällig freundlich zu ihm ist: „Hier, Sir, kommen Sie doch mal in unserer Villa der Farben vorbei."

Mit diesen Worten bekommt er ein Flugblatt gereicht. Das farbige Gebäude ist Tommy natürlich bereits aufgefallen. Aber was für ein Angebot würde Tommy in der Villa der Farben erwarten?

Gentleman
Kommen Sie vorbei!
Überzeugen Sie sich von unserem Angebot!
HELLE FARBE + DUNKLE FARBE = GRÜN
HELLE FARBE + DUNKLE FARBE = ROSA

15

28

EINE GROSSE FAMILIE

Allein bei dem Gedanken daran, was für Geschäfte in der Villa der Farben gemacht werden, läuft Tommy leicht rot an und murmelt eine kurze Verabschiedung.

Schnellen Schrittes flieht er zur Upper Eastside. Dort trifft er auf der Straße auf eine jüdische Großfamilie.

Er kennt den Vater, ein wichtiges Mitglied der Kosher Nostra – der jüdischen Mafia.

„Schalom, Tommy! Na, was macht dein Stangeneis? Sag mal, kennst du eigentlich bereits meine Kinder?"

So familiär hat Tommy den sonst so ernsten Gangster bisher noch nicht erlebt. Stolz werden ihm alle Kinder vorgestellt.

„Das sind Lieselotte, Walter, Melchior und Wolfgang. Wir geben unseren Kindern nur ganz bestimmte Namen. Hast du die Gemeinsamkeit bereits erkannt?"

5B

29

EINE NACHRICHT VOLLER STERNE

Als Tommy ihm das gemeinsame Merkmal der Namen nennt, lacht der jüdische Familienvater laut auf: „Haha, ja genau! Wenn wir noch mehr Kinder bekommen, können wir bald einen Zoo aufmachen. Aber sag, was treibt dich in unsere Gegend?“

Tommy erläutert ihm seine Misere mit dem Stangeneis-Business und fragt auch gleich, ob er nicht vielleicht einen Tipp für einen neuen Geschäftszweig hat.

Als Antwort reicht ihm der älteste Sohn einen Zettel und schaut ihm ernst in die Augen. Welche Familienweisheit will der Junge mit Tommy teilen?

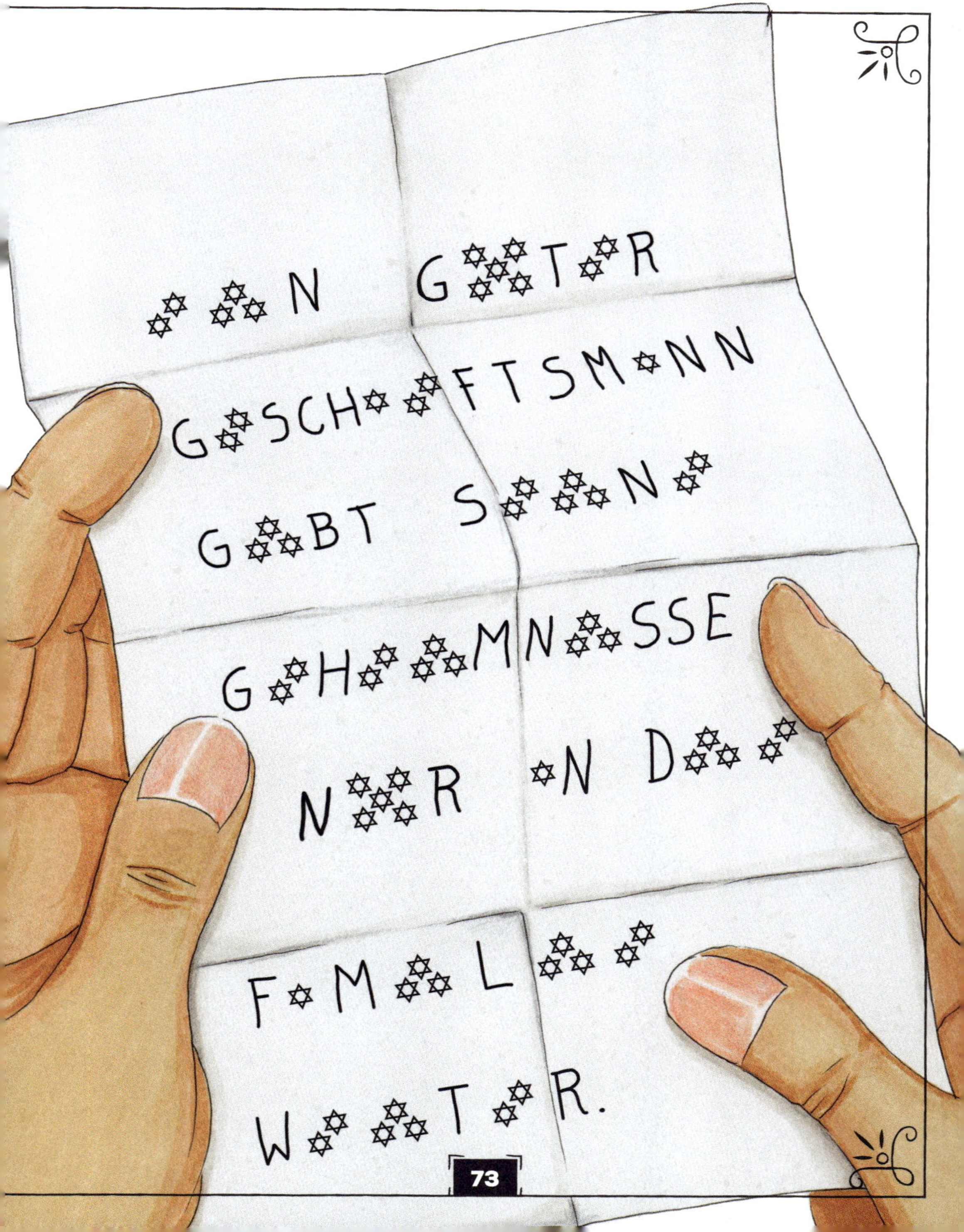
✡✡ ✡✡✡N G✡✡✡✡✡T✡✡R
G✡✡SCH✡✡✡FTSM✡NN
G✡✡✡BT S✡✡✡✡✡N✡✡
G✡✡H✡✡✡✡✡MN✡✡✡SSE
N✡✡✡✡✡R ✡N D✡✡✡✡✡
F✡M✡✡✡L✡✡✡✡✡
W✡✡✡✡✡T✡✡R.

63 B

30

DAS EINSTECKTUCH

Der jüdische Mafiaboss wird Tommy wohl keine Geschäftstricks verraten.

„Aber mein junger, sizilianischer Freund, ich kann dir empfehlen, eines meiner Einstecktücher zu kaufen. Unverzichtbar für den schicken Unhold von heute!“ Tommy seufzt, willigt aber schließlich ein. Immerhin kann ein einziges, kleines Erkennungsmerkmal unter Gangstern manchmal den großen Unterschied machen.

Nach dem Kauf zwinkert der Mafiaboss Tommy zu: „Ordnung muss sein! Hier, deine Rechnung. Und vergiss nicht: Das Einstecktuch vereint die wirklich erfolgreichen unseres Standes. Auch örtlich.“

Damit verabschiedet er sich. Tommy überlegt, wo er als nächstes hingehen soll und blickt dabei auf das Einstecktuch und die seltsame Rechnung.

9 2 15 26 13 14
7 4 5 18 11 1
6 3 14 5 24 10
25 3 9 16 20 23
19 5 1 13 8 17
1 6 22 12 5 14

183

31

DER KANALBAUER

Am Hafen angekommen sucht Tommy die erwähnte Kneipe und trifft dabei auf einen Kanalarbeiter. Der will ihm aber gerade nicht verraten, wo die gesuchte Kneipe ist. Der Arbeiter ist zu beschäftigt mit seinem Konstruktionsplan, um Tommys Frage zu beantworten.

„Ich weiß einfach nicht, zu welchem Square ich von meiner Position aus weitergraben soll. Dabei ist eigentlich alles bereits vorgegeben. Von jedem Rohrelement geht es nur horizontal oder vertikal die angegebene Anzahl an Schritten weiter. Das Rohr darf sich kreuzen, aber keinen Weg zweimal gehen. Von welchem Square lässt sich denn nun eine Verbindung zu meinem momentanen Standort verlegen?“

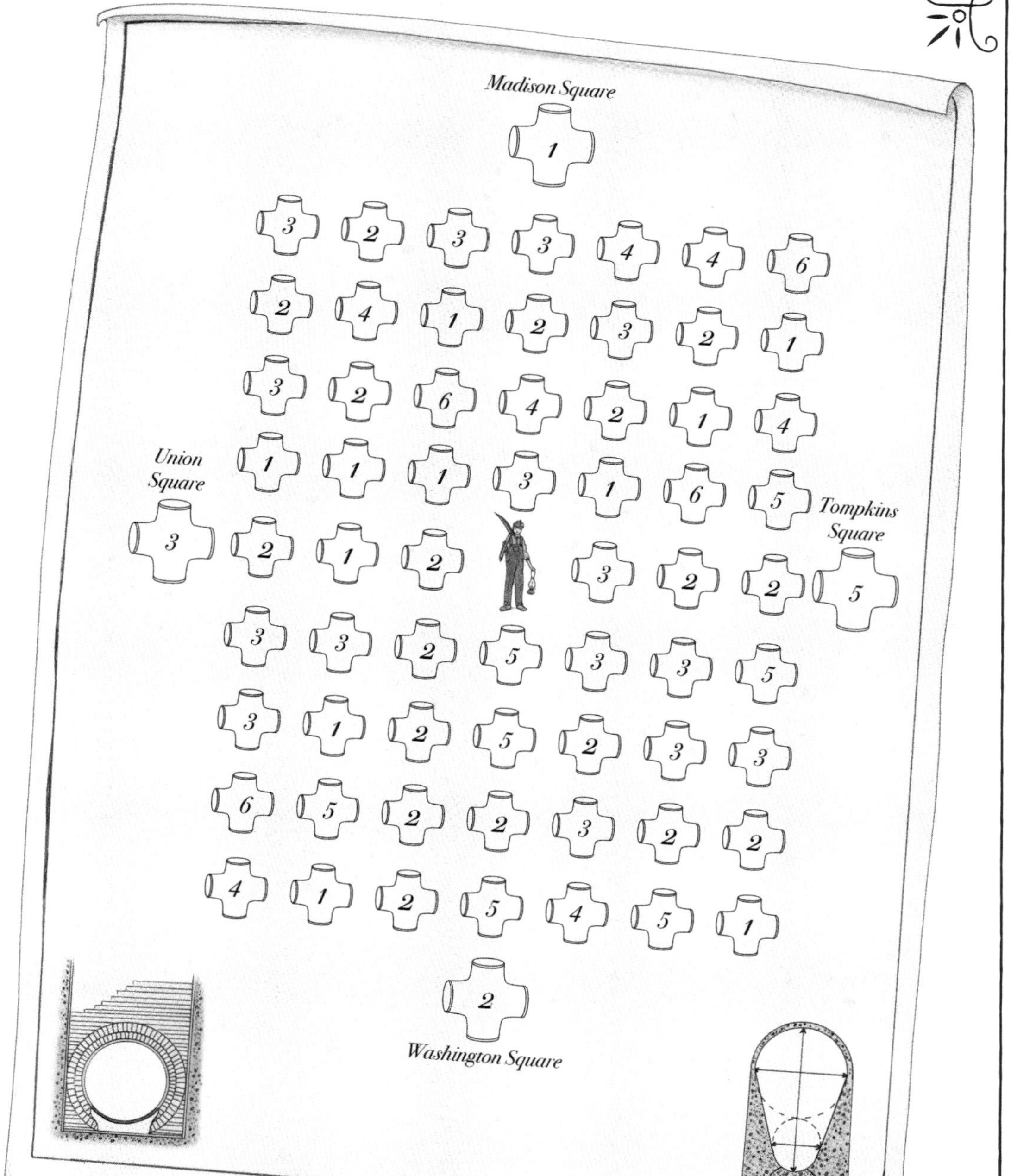
Madison Square
1
3 2 3 3 4 4 6
2 4 1 2 3 2 1
3 2 6 4 2 1 4
Union Square
1 1 1 3 1 6 5
Tompkins Square
3 2 1 2 3 2 2 5
3 3 2 5 3 3 5
3 1 2 5 2 3 3
6 5 2 2 3 2 2
4 1 2 5 4 5 1
2
Washington Square

32

AN DEN DOCKS

Erleichtert darüber, dass er nun weiß zu welchem Square er den Kanal verlegen muss, verrät der Bauarbeiter Tommy schließlich doch, wo er am Hafen die geheime Flüsterkneipe finden kann.

Das ist nun wirklich eine Gegend, in der Tommy nicht so oft ist. Er nähert sich der Kneipe erstmal vorsichtig und versteckt sich hinter einem großen Fass. Von dort aus kann er beobachten, wie Leute in die Kneipe gehen. Vor dem Eingang steht ein beeindruckend gewalttätig aussehender Mann, der die Gäste kontrolliert.

Er begrüßt den ersten Gast, der in die Kneipe möchte:

„Achtundzwanzig?" Der Gast überlegt kurz, antwortet mit „Vierzehn!" und darf eintreten.

Der nächste Gast kommt. Der gleiche Vorgang: Der Türsteher fragt „Acht?", der Gast antwortet „Vier!" und darf rein.

Ein unsicherer Matrose nähert sich. Dieses Mal lautet die Frage „Vierzehn?". Als der Matrose mit „Sieben?" antwortet, hat er auch schon die Hand des Türstehers im Gesicht und kippt nach hinten um. Was hätte er antworten müssen?

JAY SON & CO.

33

DER TÄTOWIERTE SEEMANN

Da Tommy schon immer schnell im Zählen war, hat er keinerlei Probleme am Einlass und tritt schließlich in die Hafen-Flüsterkneipe ein. Er blickt sich kurz um und überlegt, wer ihm weiterhelfen könnte. Die Dame an der Bar scheint in Gedanken versunken. Und die Matrosen und ihr Kapitän sind wohl zu sehr mit den verbotenen Getränken beschäftigt, um noch Rede und Antwort stehen zu können. An einem Tisch sitzt ein einzelner Seemann, der mit sich selbst Schach spielt. Tommy setzt sich zu ihm, wird aber direkt abgewiesen:

„Junge, ich bin nicht zu großen Gesprächen aufgelegt. Heute ist mein Geburtstag. Die Jahre auf der See haben mich zu einem einsamen Mann gemacht. Deswegen sitze ich hier alleine. Es hat mir noch nicht mal jemand richtig gratuliert. Aber wie sollen sie auch? Dafür müssten sie ja erst einmal wissen, wie alt ich überhaupt werde. Jetzt lass mich in Frieden!“

Tommy überlegt, ob er sich vielleicht erschließen kann, wie alt der Seemann heute wird.

N/S
N/S/O
N/O
W/SW

34

AUF HOHEM ROSS

Nachdem Tommy dem Seemann sehr förmlich und korrekt zum Geburtstag gratuliert, taut dieser spürbar auf. Bei einem Getränk schildert Tommy ihm seine aktuelle Situation. Plötzlich kritzelt der Seemann etwas auf zwei Zettel und positioniert zwei Schachfiguren darauf.

„Bursche, wenn du nach Inspiration für neue Gaunereien suchst, bist du hier bei den falschen Leuten! Lies dir die Zettel durch und höre auf die Worte eines alten Mannes.“

NEW YORK
CHEN.
SUCH
ZU DEN
GEH
AND
NERN,
GAU
REI
NICHT
BEI
SONDERN
EREN
BER
WO
LIEGT,
LÄSST
NEUES
GELD
DAS
EITS
SICH
AUCH
MACHEN!

93B

35

DER DOPPELDECKERBUS

Die Anmerkung des alten Seebärs leuchtet Tommy ein. Deswegen will er nun dringend nach Uptown, um sich unter reichere Bevölkerungsschichten zu mischen. Er verabschiedet sich und verlässt eilig die Flüsterkneipe.

Draußen ist es inzwischen dunkel und deutlich kälter geworden. Tommy entscheidet sich dafür, den Bus zu nehmen und springt gekonnt auf eine langsam vorbeifahrende Linie Richtung Uptown auf. An der Seite des Doppeldeckers hat er im Augenwinkel noch eine seltsame Werbeanzeige wahrgenommen.

Wie lautet der Slogan der New York Wheel Company?

I R W Ü
S R I D
A E E R
M H R E
F D N A
- NEW YORK WHEEL COMPANY -

AM TIMES SQUARE

Schwere Rätsel

Nach einer kurzen Fahrt steigt Tommy am Times Square aus. Fasziniert betrachtet er die vielen Lichter, Plakate und Werbeanzeigen. An keinem anderen Ort in New York hat er so sehr das Gefühl, dass die Stadt selbst ein lebendiges Wesen ist, mit dem Times Square als pulsierendes Herz, bei dem alle Fäden zusammenlaufen.

Nachdem er den ganzen Tag unter seinesgleichen verbracht hat, will Tommy nun versuchen, die Nacht mit der gehobenen Gesellschaft zu verbringen. Vielleicht kann er so am besten erkennen, wo mit ein wenig Gaunerei schnell und leicht Geld zu machen ist.

Mit diesen Gedanken stürzt sich Tommy ins Nachtleben und überlegt sich, wo er als erstes hingehen könnte. Jazzclubs haben in den letzten Jahren an jeder Ecke aufgemacht. Tommy mag die beschwingte Musik und entscheidet zunächst, einen der vielen luxuriösen Clubs aufzusuchen.

THEATRE
CAPITOL
Rose
Chaplin on Cinema
NEW
OPEN
BELLS
Stories

36

DIE WEG-BESCHREIBUNG

Tommy spricht einen Passanten an, merkt aber schnell, dass dieser anscheinend eher zu der verwirrten Sorte gehört. Vermutlich hat er sich auch nicht so ganz an das Alkoholverbot gehalten. Tommy fragt ihn dennoch, ob er ihm ein Jazzclub mit möglichst reichem Publikum in der Nähe empfehlen kann.

„Mensch, Kumpel, klar kenn ich da was! Gehen wir doch zusammen dorthin! Hier, wir müssen nur dieser Wegbeschreibung folgen. Egal, ob wir Innen oder Außen sitzen werden: Hauptsache wir sind zusammen unterwegs.“ Der aufdringliche Kerl hält Tommy einen Zettel entgegen. Wenig begeistert und bereits fest entschlossen, auf die Gesellschaft des neuen „Kumpels“ zu verzichten, versucht Tommy trotzdem zu entschlüsseln, welcher Club ihm empfohlen wird.

DRY - LAUN
CLOSED

37

IM JAZZCLUB

Unter einem Vorwand entkommt Tommy dem Passanten und überlegt, ob der verrückte Typ um diese Uhrzeit wirklich noch zum Friseur möchte.

Schließlich kommt Tommy in einem Jazzclub der High Society an und wird von einem jungen Mann begrüßt: „Guten Abend, Sir. Mein Name ist Louis. Wie kann ich Ihnen helfen?"

Das kann doch kein Zufall sein, denkt sich Tommy: „Betreiben Sie einen Salon?" Louis lacht und antwortet: „Aber nein! Da müssen Sie mich verwechseln. Mein Nachname ist Armstrong. Ich bin Musiker und helfe hier aus. Allerdings hoffe ich, später selbst einmal dort oben auf der großen Bühne stehen zu können. Hören Sie, wir sind heute komplett ausgebucht, aber wenn Sie darauf kommen, zu welcher Kategorie der Tisch mit der Nummer 12 gehört, kann ich Sie vielleicht noch unterbringen."

KATEGORIEN
TISCHNUMMERN
A 3 6 8 9
B 1 4 7 11
C 2 5 10 13
12

1B

38

DER WÜRFELPFAD

Nachdem Tommy sehr geradlinig die Tischkategorie nennen konnte, lässt Louis ihn in den Hauptsaal des Clubs. Es ist anscheinend gerade Casinonacht.

Tommy möchte gerne mehr über das Leben der Reichen und Schönen herausfinden.

Er setzt sich zu einer hübschen Frau, die alleine an einem Tisch ist und eine Artischocke verzehrt. „Sie können sich doch nicht einfach so zu mir setzen! Das grenzt ja schon an Unverfrorenheit." Als sie erkennt, dass Tommy offensichtlich nicht vertraut ist mit der Etikette der gehobenen Gesellschaft, schlägt sie mildere Töne an:

„Nun gut, wenn Sie dieses kleine Spiel hier lösen können, dürfen Sie sich zu mir gesellen: Stellen Sie sich vor, Sie bewegen den Würfel über diese Farbfelder-Anordnung. Welche Farben werden die gleiche Würfelfläche berühren?" Froh darüber, eine Chance zu bekommen, betrachtet Tommy den Würfelpfad eingehend.

39

ALLES AUF GRÜN!

Mit der Nennung der zwei korrekten Farben, hat Tommy nun auch offiziell die Erlaubnis erhalten, sich zu setzen und sich mit der Dame zu unterhalten: „Wissen Sie, Madame, ich will mir anschauen, wie Sie – die High Society – ihre Abende verbringen. Was Sie machen. Wie Sie leben.“ Im Kopf ergänzt er noch „Wie mit Ihnen Geld zu machen ist“.

Die hübsche Dame seufzt. Sie legt einige Spielchips auf den Tisch und meint: „Seien Sie froh, dass Sie nicht im Überfluss leben. Man verliert irgendwie den Blick für das Wahre und weiß nicht mehr, was an erster, zweiter oder dritter Stelle steht. Entziffern Sie diese Chips und Sie wissen, was das Einzige ist, von dem ich mich noch frage, was es kostet.“

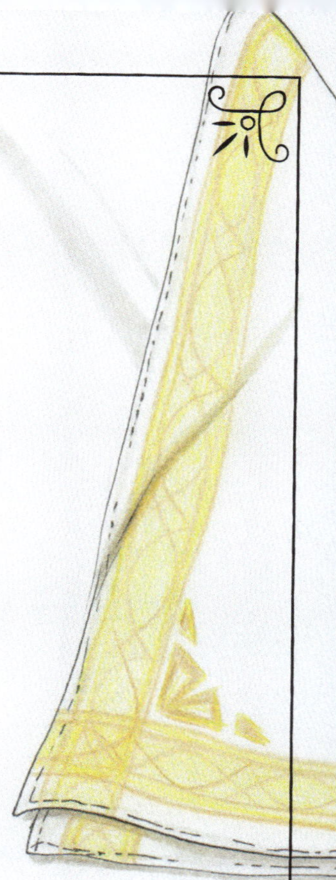

40

IN DEN STRASSEN VON NEW YORK

Mit dieser philosophischen Frage im Kopf verlässt Tommy den Jazzclub. Wirklich schlauer ist er bisher nicht geworden. Auf der Straße trifft er auf zwei Freunde, die so eng umschlungen die Straße entlanglaufen, dass wirklich nichts zwischen sie passt. Auch sie scheinen sich nicht an das Alkoholverbot gehalten zu haben. Auf jeden Fall singen sie ein doch sehr unverständliches Lied.

„Hi, wir sind Buster und Charlie. Willst du dich unserer nächtlichen Tour durch die Nacht anschließen? Dafür musst du aber natürlich unser kleines Liedchen verstehen.“

Über was singen die beiden eng umschlungenen Freunde?

DFHJMO
GINPBDGI
ZBTVEG
CEDFMO
EGQSHJDFCEDFMO !
BROADW
CINEMA
STARS ON STAGE

41

DAS BEGEHRTE TICKET

Natürlich stimmt Tommy in das Lied der beiden ein. Auch an ihm gingen die Kriegsjahre nicht spurlos vorbei und er konnte das allgemeine Aufatmen der Leute regelrecht spüren, als diese furchtbare Zeit vorbei war.

Irgendwie kommen die beiden Trunkenbolde Tommy bekannt vor.

„Tja, vielleicht hast du uns ja schon mal im Kino gesehen?“, meint derjenige, der sich als Charlie vorgestellt hat und zwinkert Tommy zu. Für sowas hatte Tommy bisher aber leider wenig Zeit. Da die beiden wirklich sehr unterhaltsam sind, verspricht er, bald mal in einen der neusten Stummfilme zu gehen, wenn er sie dadurch unterstützen kann.

Sie lachen und geben Tommy als Dankeschön für sein freundliches Angebot ein Broadway-Ticket. „Damit du mal ein wenig Kultur abbekommst, mein Freund.“ Leider kann Tommy außer dem Namen der Show relativ wenig entziffern.

TONIGHT ON BROADWAY $2.
PRODUCED AT THE NEW AMSTERDAM THEATRE NEW YORK
E E E E E
!
22 28 27 23 17 25 24 47 29 27 21
A → 1
E → 5
K → 11
Z → 26
Ziegfeld Follies
1920
Eastflour
Seat 9
Row B
S18

283

42

DIE GEHEIMEN MÖBEL

Mit dem Ticket zu der weltbekannten und vor allem sehr freizügigen Show in der Hand macht sich Tommy auf in Richtung Broadway. Diese besondere Straße, die im Gegensatz zu den restlichen Straßen in New York, quer durch das sonst so rechtwinklige Gitternetz verläuft, hat Tommy schon immer fasziniert. Seit einigen Jahren haben sich hier verschiedene Theater niedergelassen, die im steten Wechsel neue Shows zeigen.

Dort angekommen, entdeckt Tommy jedoch ein Plakat, das seine Aufmerksamkeit auf sich zieht. Es scheint sich um eine Gaunerei zu handeln. Genau nach seinem Geschmack.

Vielleicht lässt er die Broadwayshow doch ausfallen.

Aber wo genau muss Tommy hin, wenn er sich diesen ominösen Möbelhandel einmal anschauen möchte?

Sie suchen wirklich ausgefallene Möbel?

Besuchen Sie uns im

GEHEIMER VERKAUF!

Ihre Freunde werden neidisch sein!

17B

43

DER EINGANG ZUM PARK

Tommy ist am größten Park der Stadt angekommen. Er hält vor einem imposanten Tor inne. Nachts sollte man dann nur alleine in den Park, wenn man zumindest das Ziel kennt.

Wo findet er denn nun diese Möbel?

Die Möbel sind
bei dem EINGANG,
der AUF DIESE
WEISE endet!

44

DIE ANTIQUITÄTEN-HÄNDLER

Tommy läuft zu der bekannten Statue, der die Arme fehlen und die auch schon vom Eingang aus zu sehen war. Dort trifft er tatsächlich auf einige Mafiakollegen, die ihn jedoch gekonnt ignorieren und weiter ihre Möbel verräumen. Vermutlich handelt es sich bei diesem Handel mit Antiquitäten nur um den Deckmantel für noch viel größere Geschäfte.

Die Mafiakollegen wollen erst mit ihm reden, wenn er sich durch die Nennung des heutigen Codes als würdig erweist.

Sie drücken ihm dafür einen seltsamen Zettel in die Hand und verweisen auf einige Kreidezeichnungen auf dem Boden. Eigentlich kennt er solche Zeichnungen nur von Kinderspielen. Oder hat es vielleicht doch etwas mit dem Code zu tun?

9
6
7
8
4
5
2
3
1

45

DAS TREFFEN MIT NARBENGESICHT

Aus dem Dunklen tritt bei der Nennung des Tagescodes auf einmal der Boss der Truppe. Er hat eine große Narbe auf einer Wange. Tommy muss kurz schlucken. Bisher hatte er immer nur Geschichten über „Narbengesicht" gehört. Wenn er ganz ehrlich zu sich ist, hatte er gehofft, diesem Kollegen nicht unbedingt nachts im Park über den Weg zu laufen.

„Wenn das nicht der kleine Tommy ist! Wo hast du denn deine beiden großen Brüder Giovanni und Giuseppe gelassen?" Tommy versucht, möglichst souverän zu wirken und erklärt Narbengesicht, dass er die Absicht hat, die Geschäfte der Familie zu erweitern.

„Wenn das so ist, empfehle ich dir einen bestimmten Club aufzusuchen. Die Ergebnisse unserer letzten Schießübung könnten dir dabei helfen, auf den Namen zu kommen."

Tommy findet diese Art der Informationsweitergabe zwar etwas makaber, versucht sich aber daran, aus den Zielscheiben schlau zu werden.

5 1 2 4 3
E
T
5 1 2 3 4
O

46

IM GENTLEMEN'S CLUB

Nach einer etwas steifen Verabschiedung und einem kurzen Fußweg kommt Tommy im Metropolitan Club an. Das Gebäude ist sowohl von außen als auch innen unfassbar imposant.

In der Eingangshalle kniet gerade ein Fliesenleger, der nicht ganz sicher ist, welches Muster sich sein Chef gewünscht hat. Er hat ihm nur eine Platte und die Muster, die am Ende alle vorhanden sein sollen, vorgegeben.

Wenn Tommy dem Fliesenleger hilft, lässt er ihn bestimmt auch unbekannterweise in den Gentlemen‘s Club eintreten. Welches Symbol kommt in die Mitte, wenn man alle Muster in der großen Anordnung unterbringen möchte?

75

47

EIN EDLER HERR

Nachdem er ihm eine mögliche Anordnung aufgezeigt hat, verrät der Fliesenleger Tommy den Weg zum Hauptraum des Gentlemen's Clubs. In großen, schweren Ledersesseln sitzen dort schick gekleidete Herren und ziehen an ihren Zigarren.

Einer von ihnen schaut Tommy auffordernd an und verweist auf den Sessel, der ihm gegenübersteht. Tommy stellt sich vor und setzt sich. Der edle Herr grinst süffisant und meint, dass er einen kleinen Mafiosi nur ernst nehmen kann, wenn dieser die Zahlenfolge, die er schnell auf einen Zettel geschrieben hat, sinnvoll ergänzen kann.

Während sich Tommy mit der Zahlenfolge abmüht, verspeist der Gentleman weiterhin genüsslich eine Artischocke.

1 6 7 9 ?

48

DIE GEFALTETEN SERVIETTEN

Als Tommy ihm nach einigem Überlegen und unnötigem Rechnen schließlich die Lösung nennt, fängt der Gentleman auf einmal an zu erzählen:

„Wissen Sie, ich war nicht immer reich. Früher habe ich sogar gearbeitet. Als Straßenbahnkontrolleur. Wie die ganz normalen Menschen ... haha. Aber das liegt natürlich in der Vergangenheit. Heute stanze ich höchstens noch zur Beruhigung Löcher in teure Servietten." Um zu zeigen, was der Stanzer so kann, faltet er eine Serviette und stanzt sie. Wieder auseinandergefaltet, sind aus dem einen Loch logischerweise vier geworden. Man sieht noch die Spuren der Faltung.

„Vor einigen Jahren habe ich reich geerbt. Wollen Sie wissen, über wie viele Ecken ich mit dem Onkel verwandt war, von dessen Geld ich jetzt lebe?"

Auf die Frage hin legt er einige gelochte Servietten aus. „Aus Falten kannst du einiges vom Leben lernen, Junge!"

49

AM HUDSON RIVER

Während der Gentleman noch weiter über den Verwandtschaftsgrad von seinem verstorbenen Onkel philosophiert, fällt Tommy auf, dass er im Verlauf der Nacht bereits mehrere gut betuchte Leute gesehen hat, die Artischocken gegessen haben.

Als er fragt, was es mit den Artischocken auf sich hat, klärt der Gentleman ihn auf:

„Eigentlich schmecken sie mir nicht besonders. Aber bei den saftigen Preisen ist es auch mehr Statussymbol als Genuss." Bei den Worten „saftige Preise" ist Tommy natürlich hellhörig geworden. Schnell verabschiedet er sich, denn er weiß genau, wo er bezüglich der Handelsgüter nachfragen muss. Eine kurze Kutschfahrt später ist er am Hafen des Hudson Rivers, um sich über aktuelle Artischocken-Lieferungen zu informieren. Er ist bereits an einem Pier, kann aber nicht erkennen, was hier verschifft wird.

Pier
99
EDF?N
ZVS?Z
DS?ZF
EZ?VF
HUDSON

43

50

AM GEMÜSE-DOCK

Für Baumaterial interessiert Tommy sich heute Nacht eher nicht. Schließlich kommt er am Dock für Gemüsehandel an. Schnell entdeckt er einen Jungen, der Kisten mit Artischocken schleppt. Er heißt Jacob, sieht jung und ein wenig unzufrieden aus. Es stellt sich heraus, dass er schlecht bezahlt wird und das, obwohl seine Chefs ein Haufen Geld mit den Artischocken machen. Tommy will wissen, wie viel eine Artischocke an der Ostküste in Kalifornien, wo die Artischocken herkommen, kostet. Missmutig gibt Jacob ihm einen Zettel: „Eigentlich darf ich dir das gar nicht sagen. Aber wenn du hiermit selbst darauf kommst, kann man mir eigentlich keine Schuld geben.“

Dock
8
Artischocken-Preis
an der Westküste

51

DIE EINGESEILTEN MÜNZEN

Der Preis schockiert Tommy. In New York kostet eine Artischocke mindestens das fünffache. Er erkennt die einmalige Chance und will Jacob davon überzeugen, nur noch mit seinem Einverständnis Artischocken in New York auszuliefern. Der lehnt jedoch ab. Daraufhin arrangiert Tommy ein Seil und einige Münzen.

„Du nimmst jetzt besser die Münzen, die das Seil einschließt an dich und informierst mich in Zukunft über jede Lieferung. Bei jeder Artischocke geben deine Chefs und du mir einen Anteil. Dafür garantiere ich dir, dass euch bei der Lieferung nichts passiert. Spielst du nicht mit, blüht dir das Tier, welches die eingeseilten Münzen zusammen darstellen."

Jacob schaut Tommy verängstigt an. Womit droht Tommy ihm?

15

52

DER DEAL

Zwischen den Füßen der beiden huschen einige der Tiere umher, die sprichwörtlich mit dem Ableben assoziiert werden. Tommy hat Jacob ein Angebot gemacht, das er nicht ablehnen kann. Der Deal zwischen den beiden steht also.

Zum Geschäftsabschluss geben die beiden sich die Hand. Außerdem reicht Tommy Jacob zum Abschied einen Zettel, auf dem er notiert hat, zu was der Deal die beiden machen wird.

1 3 0 2 2 1 0 1 0
U I A W d – O Z S

9B

EIN FAMILIEN-FRÜHSTÜCK

Tommy hat durch einen aufregenden Tag und eine noch abwechslungsreichere Nacht viel Neues in New York gesehen und gelernt.

Nun sitzt er mit Giuseppe und Giovanni in ihrer Küche in der Bronx und sie gönnen sich den Luxus, ein paar Artischocken zum Frühstück zu essen. Beeindruckt lauschen die beiden den Ausführungen ihres kleinen Bruders. Sein Geschäftssinn und seine Begeisterung für den neuen Artischockenhandel sind wirklich ansteckend.

Er hat das Problem mit seinem auslaufenden Stangeneis-Geschäft nicht nur früh genug erkannt, sondern auch bereits für eine Alternative gesorgt: Er wird in Zukunft die Artischockenlieferung der Stadt kontrollieren. Günstig liefern und teuer an die Reichen verkaufen! Das ist sein Motto. Er hofft nur, dass so schnell sonst niemand anderes auf die Idee mit den Artischocken kommen wird …

ENDE

LÖSUNGSTABELLE

Zu jedem Rätsel gibt es hier zwei Hinweise und die Lösung. Die Rätselnummer steht über der Überschrift auf der Seite des Rätsels. Diese Tabelle verrät dir die dreistelligen Hinweisnummern zu den einzelnen Rätseln. Die Hinweise und Lösungen findest du im Anschluss an diese Tabelle ab Seite 126.

Eine genauere Anleitung zur Nutzung der Tabelle findest du auf Seite 11.

Rätselnummer	1. Hinweis	2. Hinweis	Lösung
1	020	081	121
2	038	054	130
3	025	060	133
4	017	074	145
5	003	086	144
6	030	079	125
7	039	057	135
8	024	085	127
9	045	094	123
10	001	064	134
11	011	097	120
12	005	092	112
13	047	071	126
14	044	075	110
15	051	068	139
16	021	082	115
17	008	065	143
18	004	084	124
19	033	073	107
20	037	056	118
21	013	104	148

Rätselnummer	1. Hinweis	2. Hinweis	Lösung
22	050	087	113
23	002	080	109
24	006	095	142
25	040	061	116
26	014	070	140
27	034	063	119
28	029	098	106
29	010	055	152
30	052	090	111
31	036	058	108
32	046	078	155
33	027	093	149
34	049	066	122
35	009	083	132
36	012	076	105
37	028	088	117
38	041	100	138
39	016	072	129
40	048	101	154
41	035	091	150
42	031	069	128
43	018	102	114
44	026	059	146
45	022	099	136
46	019	089	131
47	032	077	147
48	042	053	137
49	015	062	141
50	043	067	153
51	007	096	156
52	023	103	151

HINWEISE UND LÖSUNGEN

001 Die Hinweise der Empfangsdame führen zum richtigen Zimmer. Welche Zimmer kann man ausschließen?

002 Es sind keine chinesischen Zeichen.

003 Es kann helfen, ganz herzlos die Kartenbezeichnungen aufzuschreiben.

004 Es muss nicht gerechnet werden.

005 Schaut man genau hin, wird klar, es sind nicht nur Noten, die der Straßenmusiker spielt. Seite 132 kann helfen.

006 Hier verstecken sich Zeichen, aber keine chinesischen.

007 Schau ganz genau, welche Münzen das Seil einschließt und welche nicht. Die verschiedenen Farben haben nichts zu bedeuten.

008 Irgendwas läuft hier in die falsche Richtung.

009 Räder können sich drehen.

010 Die Sterne stehen für eine bestimmte Buchstabenart.

011 Es handelt sich um eine mathematische Zahlenreihe.

012 Und mal wieder kommt es auf die Anfangsbuchstaben an.

013 Bei allen Würfeln ergeben zwei gegenüberliegende Seiten addiert immer 7.

014 Nur die Wörter komplett in Großbuchstaben sind für die Lösung relevant.

015 Aller Anfang ist schwer.

016 Je Chip gilt es, eine andere Regel herauszufinden.

017 Der Spiegel und das Bild werden wirklich direkt gegenüber voneinander aufgehängt.

018 Hierbei handelt es sich um ein Sprachrätsel.

019 Die einzelnen Musterabfolgen sollen alle in der finalen Anordnung vorkommen. Dafür können sie natürlich auch gedreht werden.

020 Hier muss etwas gezählt werden.

021 Gleiche Zahlen stehen für gleiche Buchstaben.

022 Man muss Dinge auch mal übereinander betrachten.

023 Hier geht es im Finale noch einmal rund.

024 Die Buchstaben müssen umsortiert werden. Eine der Karten in den Buchklappen kann helfen.

025 Für die Parole sind vier Zeilen wichtig.

026 Hier geht es um Entfernungen zu Farben.

027 Der Seemann hat bestimmt immer einen Kompass dabei.

028 Es hat nichts mit dem Zahlenwert der Tischnummern zu tun. Es muss also nicht gerechnet werden.

029 Schau dir an, womit die Kinder spielen und was auf ihrer Kleidung abgebildet ist.

030 Die Würfel liegen bereits an der richtigen Stelle und zeigen die richtigen Augen.

031 Es hilft, die Bezeichnungen der vielen Objekte aufzuschreiben.

032 Es hat nichts mit den Zahlenwerten zu tun. Es muss also nicht gerechnet werden.

033 Ein Aktienpaket nach dem anderen.

034 Seite 133 hilft dir weiter.

035 In jedes Kästchen gehört ein Buchstabe. Gelb sind Vokale. Orange sind Konsonanten.

036 Versuche nicht, dich von außen nach innen zu arbeiten! Am Anfang führt nur ein Rohr genau vom Kanalarbeiter weg.

037 Sowohl die Farben der Karten als auch die Kartenwerte folgen einem bestimmten Muster.

038 Die Symbole auf einer Kiste werden jeweils durch die zwei Kisten bestimmt, auf der die Kiste steht.

039 Auch kurvige Zahlen lassen sich sehr eckig darstellen.

040 Der Bauarbeiter hat gerade ein Haus fertiggestellt und braucht nun ein abschließendes Element für die Hauswand.

041 Es kann helfen, einen kleinen Würfel aus Papier zu basteln und zu bemalen, wenn man sich das Abwickeln über den Tisch nicht vorstellen kann.

042 Man kann sich die Faltkanten anhand der Lochung herleiten. Zeichne die Faltkanten ein. Was erkennst du?

043 Manchmal muss man das Buch ganz aufKLAPPEn.

044 Um auf die Lösung zu kommen, lohnt sich ein Blick auf die Baustelle.

045 Das Zahnrad muss sich in Pfeilrichtung drehen, damit sich die Schranke hebt.

046 Hier muss nicht gerechnet werden.

047 Man sieht, der Übeltäter hat Spuren hinterlassen.

048 Zwischen die beiden Freunde passt wirklich nichts, aber vielleicht zwischen die Buchstaben ihres Gesangs?

049 Beim Schach geht das Pferd immer drei Schritte. Entweder zwei Schritte und einen zur Seite, oder einen Schritt und dann zwei zur Seite. Also immer in „L"-Form.

050 Es handelt sich um drei deutsche Wörter mit je 12 Buchstaben.

051 Wie schon Hermann Hesse gesagt hat: „In jedem Anfang wohnt ein Zauber inne."

052 Es sind nur manche Zahlen-Kästchen relevant.

053 Hier muss unter anderem römisch gedacht werden.

054 Gleich und gleich gesellt sich hier nicht gern.

055 In dem Text fehlen die Vokale.

056 Die Kartenwerte zählen von 2 bis 10, dann kommt Bube, Dame, König, Ass und wieder die Zahlen von 2 bis 10.

057 Alle Zahlen und Buchstaben auf dem Zettel müssen in ihre Darstellungsform für digitale Anzeigen umgewandelt werden, wie der Hinweis rechts unten auf dem Bierdeckel mit der 8 schon zeigt.

058 Wenn man schaut, von welchem Rohrteil man auf die Mitte, also den Bauarbeiter gelangt, kommt nur das Rohrteil mit der „2“, zwei Schritte rechts von der Mitte aus betrachtet, in Frage.

059 Welche Zahl lässt sich mit der Farbe „gelb“ eindeutig beschreiben?

060 Zahlen einer Losung verstecken sich gern einmal.

061 Heutzutage würde man das Produkt wohl eher in einem Baumarkt kaufen.

062 Es handelt sich pro Reihe um eine Zahlenfolge.

063 Mit einem Bleistift kannst du auf einem Blatt Papier die Hausabschnitte neu anordnen und so die Lösung erkennen.

064 Die Zimmer mit hohen Nummern können ausgeschlossen werden. Welche noch?

065 Es muss eher vertikal statt horizontal gelesen werden.

066 Die Pferde springen so über die Zettel, dass sie auf jedem Feld einmal landen.

067 Auch hier hilft dir Seite 135 weiter.

068 Notier dir mal die Bezeichnungen für die einzelnen, kleinen Symbole.

069 Pro Reihe passt ein Objekt nicht dazu.

070 Von den großgeschriebenen Wörtern müssen einzelne Buchstaben gestrichen werden.

071 Die Spuren können mit den Schuhen auf dem Plakat verglichen werden.

072 Den Zahlen stehen auf den Chips jeweils Buchstaben aus ihrem Zahlenwort gegenüber.

073 Viermal einen Bleistift benutzen, so füllen sich Felder mit Buchstaben.

074 Bei diesem Rätsel kann eine Skizze sehr helfen, um sich vorzustellen, was im Spiegel zu sehen ist.

075 Vergleicht man die Buchstabenreihen auf dem Zettel mit den Fenstern im Haus, kommt man der Lösung auf die Spur.

076 Die Kreise mit den Punkten stehen für „Innen“ und „Außen“.

077 Schreib dir die Zahlenfolge doch mal in Worten auf.

078 Die Gäste müssen sehr schnell zählen können.

079 Es müssen vier Würfel jeweils um 90 Grad gedreht werden.

080 Es muss gezählt werden und in Zeilen und Spalten gedacht werden.

081 Manchmal muss man an die Ecke denken.

082 Die 6 steht für den Buchstaben „K“.

083 Kein Rad ist in der richtigen Position. Das erste Rad muss um eine Position im Uhrzeigersinn gedreht werden.

084 Die Lösung hat mehrere Stellen. Die Buchstaben verraten, wie die Stellen der Zahl heißen und wo sie sind.

085 Wenn die Buchstaben wieder die richtige Anordnung haben, ergeben sie Straßenbahnstationen in New York.

086 Nochmal alles auf Anfang!

087 Die Wörter sind im Kreis mit einem widerkehrenden Muster angeordnet. Eines der Wörter fängt mit „LUX“ an und hört mit „KEL“ auf.

088 Es hat etwas mit der Form der Zahlen zu tun.

089 Einfach mal anfangen und die Muster passend in die Felder verteilen. Natürlich bei dem angegebenen Quadrat unten rechts beginnen.

090 Die Zahlen in den Kästchen stehen für Buchstaben im Alphabet.

091 Die Summe der Buchstabenwerte pro Spalte steht jeweils darunter. Das letzte Wort ist „BROADWAY“.

092 Die Noten können mit der Tonleiter zu einem Satz entschlüsselt werden.

093 Das momentane Jahr befindet sich auf dem Buchcover.

094 Folgt man der Bewegung der Zahnräder, erkennt man schnell, in welche Richtung der Bahnmitarbeiter die Kurbel drehen muss.

095 Hier muss gerechnet werden.

096 Verbinde doch mal die eingeschlossenen Münzen. Erkennst du ein Tier?

097 Mit Multiplikation und Addition ist man auf der richtigen Spur.

098 Die Lösung versteckt sich in den Namen der Kinder.

099 Für die Lösung müssen die Punkte in der richtigen Reihenfolge verbunden werden.

100 Es sind nur zwei Farben, die die gleiche Würfelfläche berühren.

101 Seite 135 kann dir weiterhelfen. Achte auf die Buchstaben und wie sie stehen.

102 Die Lösung besteht aus zwei Teilen: „einem Eingang“ + „auf diese Weise“.

103 Es wird im Uhrzeigersinn in 90-Grad-Schritten gedreht.

104 Der untere, linke Würfel muss eine 4 nach vorne zeigen.

105 Die Symbole stehen für: Links, Rechts, Oben, Unten, Nord, Ost, Süd, West, Außen, Innen. Aus den jeweiligen Anfangsbuchstaben ergibt sich die Lösung: „Lass uns in Louis Salon.“

106 In allen Vornamen der Kinder sind Tiere versteckt: liESELotte, WALter, mELCHior, WOLFgang.

107 Je Aktienpaket die einzelnen Aktien in das Raster eintragen. Dadurch ergibt sich je Aktienpaket ein Buchstabe. Lösung: CASH.

108 Man muss sich von innen nach außen vorarbeiten und jeweils schauen, von welchem Rohrteil man auf das momentane Rohrteil gelangt. Lösung: 2 – Washington Square.

109 In der ersten Zeile sind von links nach rechts Symbole aus zwei, drei und dann vier Symbolen. Alle anderen Zeilen und Spalten sind auch aufsteigend aufgebaut. Das Symbol unten rechts muss also aus sechs Strichen bestehen.

110 Man darf nur die Buchstaben lesen, an deren Position sich am Gebäude bereits Fenster befinden. Lösung: Skyline.

111 In dem Muster der Bordüre des Einstecktuchs sind bestimmte Kästchen markiert. Übersetzt du die Zahlen mittels der Alphabetreihenfolge (Seite 135) in Buchstaben, ergibt sich die Lösung: IN DER KNEIPE AM HAFEN.

112 Lösung: Es ist der Jazz, der durch die Stadt fliegt.

113 Je Wort sind die Buchstaben auf den gleichen Farben auch auf der gleichen Position. Lösung: LUXUSARTIKEL – MORDANSCHLAG – VERLOGENHEIT.

114 „Eingang“ = TOR , „auf diese Weise“ = SO. Lösung: TORSO.

115 Mit den Wörtern: LACK, SCHALK, KIEL und SEIL ergibt sich die Lösung: SCHICKSAL.

116 Der Bauarbeiter will Hausnummern kaufen. Jede Ziffer kostet anscheinend 10 Cent. Deswegen ist es ganz logisch, dass „1“ 10 Cent und „200“ 30 Cent kosten.

117 Die Zahlen sind danach aufgeteilt, ob sie ausschließlich aus Kurven (Kategorie A), ausschließlich aus Geraden (Kategorie B) oder aus Kurven und Geraden bestehen (Kategorie C). Der Tisch mit der Nummer 12 gehört also zur Kategorie C.

118 Die Farben wechseln nacheinander durch (Herz, Pik, Karo, Kreuz). Die Kartenwerte steigen immer um vier an. Lösung: Karo Bube.

119 Ordnet man die Hausabschnitte anhand der Farbvorgaben auf dem Zettel neu an, ergibt sich aus den Fenstern mit rotem Vorhang ein Symbol. Lösung: Herz – Es handelt sich also um ein Freudenhaus.

120 Es wird abwechselnd mit 2 multipliziert und addiert. Lösung: Tommy soll dem Beamten 30$ geben.

121 Zähle die Ecken der Symbole. Lösung: 360.

122 Die Felder, auf denen die Pferde landen, ergeben die Lösung: „Such nicht bei anderen Gaunern, sondern geh zu den Reichen. Wo das Geld bereits liegt, lässt sich auch neues machen!"

123 Die Kurbel muss im Uhrzeigersinn gedreht werden.

124 Die Buchstaben stehen für die verschiedenen Stellen: Einer, Zehner, Hunderter, Tausender. Lösung: Der Börsenmakler hat heute 265$ gewonnen.

125 Dreht man die obere und die untere 6, sowie die beiden 3er, ergibt sich ein Pfeil, der direkt auf einen selbst zeigt. Tommy sollte sich also mal umdrehen.

126 Der Abdruck stimmt mit dem Schuhmodell „E" überein.

127 Lösung: 1. Central Park, 2. Grand Central Terminal, 3. Union Square.

128 Pro Reihe hat ein Objekt einen anderen Anfangsbuchstaben als die anderen. Untereinander gelesen ergeben die Anfangsbuchstaben der „falschen" Objekte die Lösung: CENTRAL PARK.

129 Pro Chip stehen den Zahlen der Buchstabe an der gleichen Stelle im Wort gegenüber. Beim ersten Chip steht den Zahlen jeweils der 2. Buchstabe gegenüber. Beim zweiten Chip jeweils der 1. Buchstabe. Beim dritten Chip der 3. Buchstabe und beim vierten Chip der 4. Buchstabe. Es ergibt sich die Lösung WELT, wenn man die Fragezeichen entsprechend der Regel auflöst.

130 Ist ein Symbol auf beiden unteren Kisten vorhanden, ist es nicht mehr auf der Kiste oberhalb. Ist ein Symbol jedoch nur auf einer von beiden Kisten, überträgt es sich auch auf die obere Kiste. Lösung: zwei Zigarren in der unteren linken und rechten Ecke und eine Rose auf der rechten Seite.

131 Es gibt mehrere Lösungsanordnungen. Aber bei allen ist das Achteck in der Mitte.

132 Dreh an manchen Rädern und die Lösung ist in zwei Zeilen zu lesen: „Wir drehen für Sie am Rad."

133 In dem Text neben der Türe sind Zahlworte versteckt. Lösung: DREI, EINS, ACHT, ZWEI oder eben 3182.

134 Oliviero ist in Zimmer 106.

135 Mittels des Bierdeckels lässt sich die Botschaft dechiffrieren. Dafür muss man schauen, welche Zeile und Spalte gemeinsam das jeweilige Symbol ergeben. Lösung: OLIVIERO WURDE FESTGENOMMEN.

136 Man muss die Punkte anhand des Mittelpunkts in die Kreise legen und dann in der Reihenfolge, die die Nummern in den Kreisringen angeben, verbinden. Dadurch ergeben sich Buchstaben, die mit den kleinen, bereits angegebenen Buchstaben die Lösung ergeben: METRO.

137 Die Faltkanten ergeben eine kleine Rechnung aus römischen Ziffern: III, X, II, also 3 x 2. Die Lösung lautet daher 6.

138 Die Farben Gelb und Blau werden auf der gleichen Würfelseite landen.

139 Man muss jeweils den Anfangsbuchstaben der Symbole nehmen. Lösung: Elektrischen Kühlschrank.

140 Von den großgeschriebenen Wörtern müssen zuerst ein, dann zwei, dann drei und dann vier Buchstaben ab Wortanfang gestrichen werden. Lösung: VERSCHWINDE (oVER, raSCH, shoW, gemeINDE).

141 Es handelt sich um die Anfangsbuchstaben von Zahlen. Pro Reihe ist es eine bestimmte Zahlenfolge: 1. Reihe: ungerade Zahlen. 2. Reihe: gerade Zahlen. 3. Reihe: 3er Folge. 4. Reihe: Zahlen von 1 bis 5. Ergänzt man die fehlenden Zahlen und nimmt deren Anfangsbuchstaben, ergibt sich das Lösungswort: SAND.

142 Auf den Kisten sind die Rechnungen 1x1, 1+1, 1-1 und 1/1 zu lesen und geben an, wie viele Drachen sich in der Kiste befinden. In der verschlossenen Kiste ist kein Drache. Also 0.

143 Man muss in Spalten von oben nach unten lesen. Lösung: „Haltet durch! Das Alkoholverbot wird nicht ewig bestehen!"

144 Nimmt man die Anfangsbuchstaben der Kartenbezeichnungen zeigt sich die Lösung: Dame, Ass, Neun, König, Eins ergeben DANKE.

145 Wenn der Spiegel und das Bild aufgehängt sind, kann man im Spiegel das Wort PASTA lesen.

146 Die farbigen Symbole auf dem Zettel geben an, welche farbigen Felder der gesuchten Zahl am nächsten sind. Lösung: 724.

147 Der Anfangsbuchstabe der nächsten Zahl entspricht immer dem Endbuchstaben der aktuellen Zahl: EinS-SechS-SiebeN-NeuN-Null. Die nächste Zahl muss also die Null sein.

148 Lösung: B. Außerdem entspricht der obere Würfel in der Pyramide C nicht der Würfelaugenanordnung der anderen Würfel. Es handelt sich hier also vermutlich um einen gezinkten Würfel.

149 Von den Punkten muss man jeweils Linien in die angegebenen Himmelsrichtungen ziehen. Dadurch ergibt sich das Geburtsjahr 1867. Der Seemann wird dieses Jahr (1920) also 53.

150 Mit dem E, dessen Buchstabenwert 5 und den angegebenen Summen, lässt sich die Lösung erschließen: DIE BELIEBTESTE SHOW AM BROADWAY!

151 Die Buchstaben in den Quadraten müssen entsprechend der angegebenen Zahl im Uhrzeigersinn in 90-Grad-Schritten gedreht werden. Dadurch ergibt sich das Lösungswort: CHAMPIONS.

152 Die Anzahl der Sterne steht für die übliche Vokalreihenfolge A, E, I, O, U. Also ein Stern = A, zwei Sterne = E etc. Lösung: Ein guter Geschäftsmann gibt seine Geheimnisse nur an die Familie weiter.

153 Mittels der Karte auf der Klappe und den farbig nummerierten Docks, kann man die farbigen Kreise in Zahlen umwandeln. Die Zahlen stehen für Buchstaben und können anhand ihrer Stelle im Alphabet umgewandelt werden. Lösung: EIN NICKEL.

154 Je zwei Buchstaben stehen für einen anderen Buchstaben. Und zwar genau den Buchstaben, der im Alphabet zwischen ihnen steht. „AC" würde also für „B" stehen. Lösung: EIN HOCH AUF DEN FRIEDEN.

155 Man muss die Buchstaben der angesagten Zahlen zählen. Bei Vierzehn ist die Lösung also ACHT.

156 Verbindet man die eingeschlossenen Münzen miteinander, lässt sich eine Maus erkennen. Tommy droht Jacob anscheinend damit, bald „MAUSetot" zu sein, wenn er sich nicht auf den Deal einlässt.

NOTIZEN

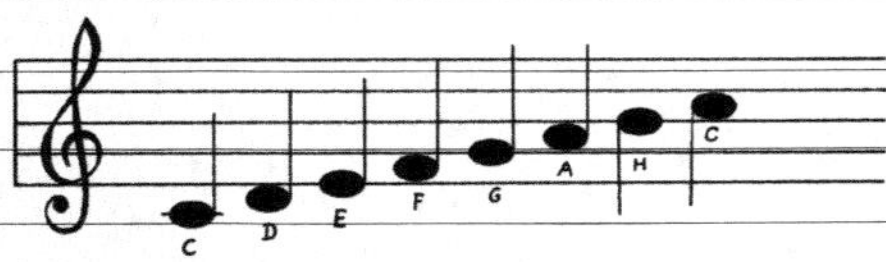

Farbenlehre: gelb+blau=grün, rot+gelb=orange, rot+blau=lila

A-1, B-2, C-3, D-4, E-5, F-6, G-7, H-8, I-9, J-10, K-11, L-12, M-13, N-14, O-15, P-16, Q-17, R-18, S-19, T-20, U-21, V-22, W-23, X-24, Y-25, Z-26

NOCH MEHR RÄTSELSPASS

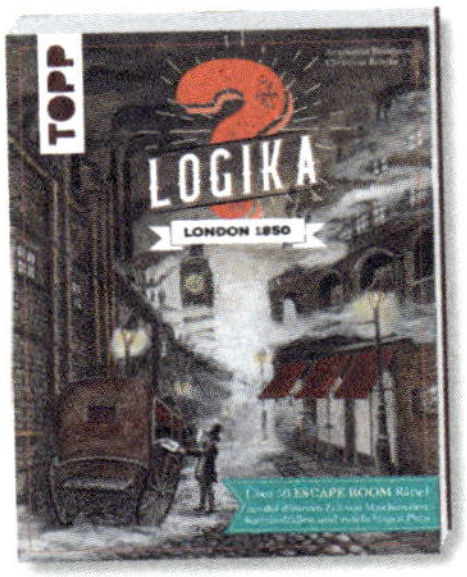

ISBN 978-3-7724-4932-1

ISBN 978-3-7724-4933-8

ISBN 978-3-7724-4975-8

ISBN 978-3-7724-7195-7

ISBN 978-3-7724-4997-0

ISBN 978-3-7724-4998-7

ISBN 978-3-7724-4945-1

ISBN 978-3-7724-4990-1

ISBN 978-3-7724-4991-8

ISBN 978-3-7724-4992-5

ISBN 978-3-7724-4993-2

IMMER INFORMIERT, IMMER INSPIRIERT – DIE GANZE WELT VON TOPP AUCH IM NETZ

WEBSEITE

Die neuesten Trends, die schönsten Kreativbücher und die aktuellsten Informationen auf unserer Webseite

Schau mal vorbei und stöbere in unserem riesigen Angebot von mehr als 1000 Kreativbüchern, Sets und mehr:

www.TOPP-kreativ.de

NEWSLETTER

Bunt, überraschend und immer aktuell – immer auf dem Laufenden mit unserem Newsletter

Noch heute anmelden und regelmäßig Informationen, Tipps und Neuheiten erhalten:

www.TOPP-kreativ.de/Newsletter

DIGITALE BIBLIOTHEK

Tutorial-Videos, Plotter-Dateien, Vorlagen zum Ausdrucken, Übungsblätter etc.

Zu vielen TOPP-Büchern gibt es digitale Extras. Schau im Impressum nach (die letzte Seite des Buches): Wenn dort ein Freischaltcode abgedruckt ist, dann besuche die Digitale Bibliothek auf unserer Webseite, registriere Dich einmalig und schalte Deine Zusatzmaterialien frei:

www.TOPP-kreativ.de/DigiBib

FACEBOOK

Werde Teil unserer Communitys Mitstrickzentrale fürs Handarbeiten und Bastelzentrale für die Themen Basteln, Bauen, Dekorieren & DIY. Du findest uns unter:

www.facebook.com/Mitstrickzentrale
www.facebook.com/Bastelzentrale

PINTEREST

Neue Bücher, neue Ideen und die Menschen, die sie machen

Du bist auf der Jagd nach den neuesten Ideen und aktuellen Trends im DIY-Bereich? All das gibt es auf den Pinnwänden des frechverlags unter:

www.Pinterest.com/frechverlag

INSTAGRAM

Live dabei mit ständig aktuellen News aus dem frechverlag

Willst Du wissen, was bei uns gerade passiert und woran wir arbeiten? Dann folge uns auf Instagram. Möchtest Du uns an Deinen Kreativprojekten teilhaben lassen? Dann poste doch gleich ein Foto mit dem Hashtag **#frechverlag** und wir stellen Dein Werk gerne der Community vor:

www.Instagram.com/frechverlag

YOUTUBE

Ein Video sagt oft mehr als tausend Worte

Du möchtest neue Techniken ausprobieren, Autoren kennenlernen oder einmal hinter die Kulissen unserer Buchproduktionen schauen? Dann abonniere den Kanal des frechverlags unter:

www.YouTube.com/frechverlag

WER WIR SIND, WIE WIR ARBEITEN, WAS WIR LIEBEN …

Folge uns auf Instagram, Facebook und Pinterest, um mehr über uns und unsere Arbeit zu erfahren und immer mit den neuesten Informationen versorgt zu sein.

Alle News, alle Infos und alle Links findest Du auf www.TOPP-kreativ.de

Annekatrin Baumann hat schon als Kind im Urlaub gerne gerätselt und am Strand Matheaufgaben gelöst – und zwar freiwillig. Die studierte Medientechnikerin lebt in Stuttgart mit anderen Kreativschaffenden in einer Art Hexenhäuschen. Neben Logikrätseln probiert sie sich gerne an alten Kunsthandwerkstechniken wie der Münzsägerei und dem Wachsbatiken.

Bei Fragen zum Buch erreichst du das Produktmanagement unter: pm@frechverlag.de

RÄTSELENTWICKLUNG: Annekatrin Baumann, Linnéa Bergsträsser
ILLUSTRATIONEN: Christiane Behnke
PRODUKTMANAGEMENT UND LEKTORAT: Joel Müseler, Anika Erbe
GESTALTUNG UND SATZ: Katrin Röhlig
DRUCK: POLYGRAF PRINT spol. s r.o.

1. Auflage 2020

Turbinenstraße 7, 70499 Stuttgart
ISBN: 978-3-7724-4994-9 Best.-Nr. 4994